MIS AMIGAS LAS LOMBRICES

MIS AMIGAS LAS LOMBRICES

ESCRITO POR LINDA GLASER
ILUSTRACIONES DE LORETTA KRUPINSKI

Orlando Boston Dallas Chicago San Diego

Visite *The Learning Site*
www.harcourtschool.com/reading/spanish

Spanish translation copyright © by Harcourt, Inc.

All rights reserved. No part of this publication may be reproduced or transmitted in any form or by any means, electronic or mechanical, including photocopy, recording, or any information storage and retrieval system, without permission in writing from the publisher.

Requests for permission to make copies of any part of the work should be mailed to the following address: School Permissions, Harcourt, Inc., 6277 Sea Harbor Drive, Orlando, Florida 32887-6777.

HARCOURT and the Harcourt Logo are trademarks of Harcourt, Inc.

This edition is published by special arrangement with The Millbrook Press.

Grateful acknowledgment is made to The Millbrook Press for permission to translate/reprint *Wonderful Worms* by Linda Glaser, illustrated by Loretta Krupinski. Text copyright © 1992 by Linda Glaser; illustrations copyright © 1992 by Loretta Krupinski.

Printed in the United States of America

ISBN 0-15-315877-8

2 3 4 5 6 7 8 9 10 179 02 01 00

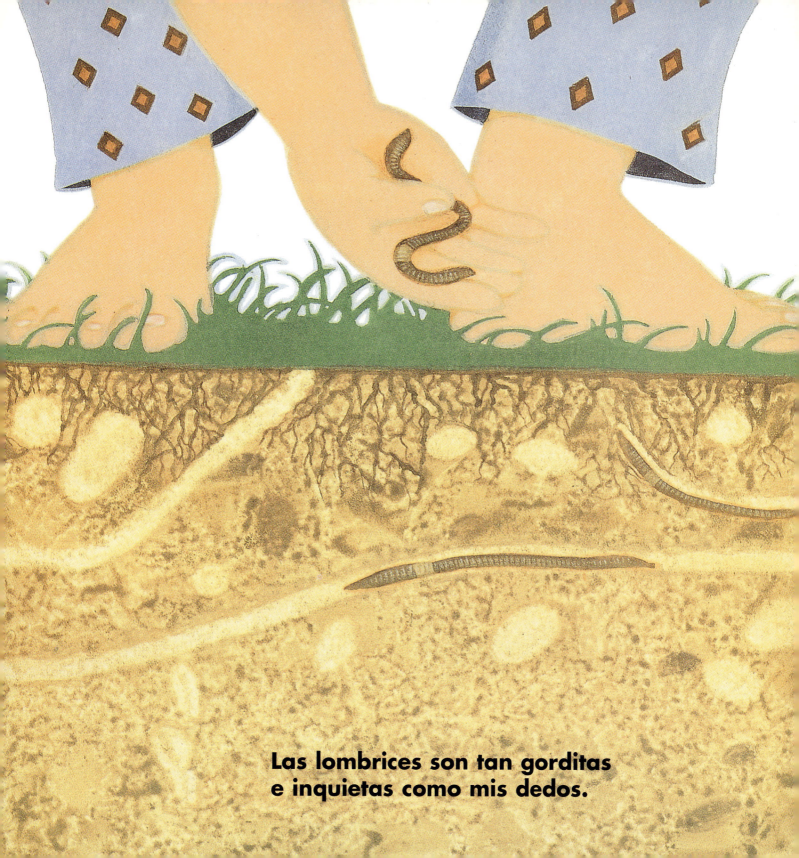
Las lombrices son tan gorditas e inquietas como mis dedos.

Viven en lugares fríos, oscuros y húmedos, donde las raíces se extienden como árboles bajo tierra.

Las lombrices sienten el ruido con todo el cuerpo.
Mis pasos les parecen truenos.

**Saben excavar muy bien.
Pueden abrir túneles y galerías.**

**Pero no usan palas,
ni dedos, ni garras.**

**¿Cómo lo hacen?
Se comen la tierra para poder avanzar.**

Se estiran tanto como pueden y quedan largas y delgadas. Luego se encogen y quedan cortas y gorditas.

Se estiran y se encogen, se estiran y se encogen.
Comen y excavan, avanzan y excavan.

Cuando excavan y hacen túneles, las lombrices mezclan y mueven la tierra.

Gracias a las lombrices, la tierra se ablanda y las raíces de las plantas pueden respirar y crecer.

Las lombrices no tienen ojos, ni oídos, ni nariz, pero tienen boca.

**Necesitan comer, igual que yo.
Pero ellas comen tierra y hojas podridas.**

**Se tragan porciones muy pequeñas.
Dentro de las lombrices, la tierra cambia.**

Lo que sale por la cola de las lombrices hace que la tierra sea fértil y que las plantas crezcan.

Las lombrices son mis ayudantes, mis jardineras subterráneas. Juntos trabajamos la tierra de mi jardín, es decir, de su casa.

DATOS INTERESANTES SOBRE LAS LOMBRICES

Ésta es una serie de respuestas sencillas para las preguntas más comunes de los niños que quieren aprender más sobre las lombrices.

¿Las lombrices muerden?

No. Las lombrices no muerden a nadie, porque no tienen dientes.

¿Por qué son tan pegajosas?

Las lombrices tienen la piel húmeda para poder respirar, ya que ellas respiran a través de la piel. Además, tener la piel mojada les ayuda a moverse por los túneles que hacen en la tierra. Si una lombriz se seca, se muere.

¿Por qué la piel de las lombrices es a veces áspera?

Si pasas tu dedo por la panza de una lombriz, desde su cola hasta la cabeza, notarás que la piel es áspera. Esto se debe a que en la piel tienen unos pequeños pelos llamados *cerdas*. Estos pelos les ayudan a agarrarse a sus madrigueras cuando un pájaro u otro animal intenta sacarlas de ahí. También les ayuda a desplazarse por los túneles.

Si una lombriz se parte en dos, ¿se convierte en dos lombrices?

No. Pero si se parte cerca de la cabeza o de la cola, no se muere, sino que le crecerá otra cabeza u otra cola. Sin embargo, el trozo más pequeño que se ha desprendido no se convierte en otra lombriz.

¿Cuánto tiempo viven las lombrices?

Algunas han llegado a vivir más de diez años. Pero la mayoría no suelen vivir más de uno.

¿Qué animales comen lombrices?

Pájaros, lagartos, ciempiés, ranas, sapos, tortugas, zorrillos, serpientes, ardillas de tierra y topos. Los topos atrapan las lombrices y las guardan en sus madrigueras para comérselas cuando tienen hambre.

¿Cuál es el animal más peligroso para las lombrices?

El mayor peligro para las lombrices son las personas que echan insecticidas (venenos para matar insectos) en la tierra. Estos venenos pueden matar de una sola vez muchísimas lombrices en un territorio muy grande. En una sola hectárea de terreno fértil puede haber más de un millón de lombrices.

¿Adónde van las lombrices en invierno?

Se adentran en la tierra, por debajo de la línea de congelación y se quedan enrolladas en sus madrigueras.

¿Qué es esa joroba que tienen las lombrices en el cuerpo?

Se llama *clitelo*. Todos los adultos lo tienen. El clitelo forma una especie de anillo después de la copulación. Este anillo se desplaza hacia adelante, recolecta los huevos y se desliza sobre la cabeza de la lombriz. Luego su extremo se cierra y forma un capullo. Los bebés de lombriz salen de este capullo.

¿De dónde salen los bebés de las lombrices?

Salen de los huevos. Los huevos están dentro de un capullo pequeño y redondo. En cada capullo puede haber de uno a veinte huevos, de los que normalmente sólo nacen uno o dos. Cuando los bebés de lombriz salen, son muy finos y blancos.

¿Qué tipo de lombriz se encuentra en las manzanas?

En realidad no es una lombriz, sino un tipo de oruga. A muchos insectos se les llama lombrices y no lo son, como los de las manzanas, los de los tomates y los que salen en la comida. Éstos se diferencian de las lombrices en que tienen unas patas muy pequeñas y porque se convierten en algo diferente, como una mariposa, una polilla o un escarabajo. Las lombrices no tienen patas y nunca se transforman en otra cosa. Son lombrices toda su vida.

¿Hay más tipos de lombrices?

Sí. Hay muchos tipos de lombrices, como las intestinales, las tenias, las planas (platelmintos) y las segmentadas. La lombriz de tierra es un tipo de lombriz segmentada. Hay unos 12,000 tipos diferentes de lombrices segmentadas. Una de las más comunes es la amarillenta, que se utiliza para producir abono. Entre las menos conocidas, se encuentra la lombriz de tierra gigante de Australia, que puede llegar a medir nueve pies de largo.

¿Por qué las lombrices salen cuando llueve?

Se cree que es porque sus madrigueras se inundan y el agua que queda en ellas no es fresca.

¿Por qué no vemos más lombrices durante el día?

Las lombrices son animales nocturnos. Si salen durante el día se pueden secar, por eso salen a comer de noche.

¿Cómo se sabe en qué lado está la cabeza de una lombriz?

La cabeza es ligeramente puntiaguda. En los adultos, la joroba que tienen llamada clitelio, está más cerca de la cabeza que de la cola.

¿Las lombrices tienen parte de arriba y de abajo?

Sí. La parte de abajo suele ser algo más clara que la de arriba. Si pones a una lombriz boca arriba, en seguida se da la vuelta.

¿A las lombrices les duele cuando las ponen en un anzuelo?

Las lombrices tienen unos órganos sensoriales en la piel que las hace muy sensibles al tacto. Además, cuando las pones en el anzuelo se retuercen. Pero no sabemos con seguridad lo que sienten.

¿Cómo puede ayudar una lombriz pequeña en un jardín que es mucho más grande que ella?

Una lombriz por sí sola no puede hacer mucho, pero en un solo jardín suele haber miles de ellas. Entre todas mezclan y mueven la tierra, ayudan a que le entre aire y la fertilizan. Todo esto hace que las plantas crezcan. Por eso, las lombrices son muy importantes. Sin ellas, nuestra tierra no sería tan rica ni sería la maravillosa fuente de vida que es.

SOBRE LA AUTORA Y LA ARTISTA

LINDA GLASER desde hace años tiene un jardín orgánico y una zona donde produce abono con lombrices. Durante este tiempo ha aprendido a valorar el increíble trabajo que hacen las lombrices en nuestra tierra.

Linda Glaser enseña inglés, literatura infantil y escritura creativa en la Universidad Pública de Berkeley, California. Ha escrito otros libros para niños como *Keep Your Socks On, Albert (Déjate los calcetines puestos, Alberto)*.

La señora Glaser vive en Berkeley con su esposo John y sus dos hijas.

LORETTA KRUPINSKI es también muy aficionada a la jardinería y comenta haberse encontrado muchas lombrices en el proceso.

Reside en Old Lyme, Connecticut, donde pinta escenas marítimas. Esta vocación le vino de su pasión por la navegación. Su interés en este tema lo ha mostrado en sus dos últimos libros de ilustraciones, *Lost in the Fog (Perdidos en la niebla)*, que adaptó e ilustró, y *Sailing to the Sea (Navegando hacia el mar)*, en el que realizó las ilustraciones.